ENRICO SIGURTÀ

GUADAGNARE CON FACEBOOK ADS

**Come Portare Traffico Mirato e
Generare Rendite con le Inserzioni Pubblicitarie
su Facebook**

Titolo

"GUADAGNARE CON FACEBOOK ADS"

Autore

Enrico Sigurtà

Editore

Bruno Editore

Sito internet

http://www.brunoeditore.it

Sommario

Introduzione

Ciao e grazie per aver scelto di investire in questo corso. In queste pagine scoprirai come utilizzare le inserzioni pubblicitarie di Facebook per portare traffico mirato verso il tuo sito Internet e per aumentare i tuoi profitti.

Da alcuni anni ormai mi occupo di Internet marketing, tanto da aver creato anche il portale Aiuto Affiliati. Ti consiglio di iscriverti al bollettino, perché ti tiene aggiornato settimanalmente con le ultime strategie e gli ultimi articoli scritti sul blog.

Ho scelto Facebook come piattaforma promozionale perché, a mio avviso, è una delle più efficaci e promettenti piattaforme per generare traffico Web in questo momento. Infatti, fino a pochi anni fa, la piattaforma migliore era Google Adwords. Purtroppo Google, in quest'ultimo periodo, sta sospendendo l'account a decine di migliaia di utenti ogni mese senza un motivo apparente o senza che ci siano infrazioni al regolamento.

In realtà, per chi ha approfondito un pochino, il motivo non è così strano: Google sta sospendendo tutti coloro che hanno dei budget pubblicitari molto bassi (al di sotto delle decine di migliaia di euro al mese). Questo perché, secondo alcune statistiche da loro stessi pubblicate, chi ha dei budget bassi comporta molti costi a Google. Viceversa, chi investe grandi quantità di denaro in pubblicità su Adwords, comporta costi molto limitati. Per questo Google, adesso e soprattutto per il futuro, è sempre meno conveniente per chi ha una piccola o media attività da promuovere.

Viceversa Facebook, essendo agli inizi, non ha ancora tutte queste necessità e non rende la vita impossibile agli utenti come invece fa Google. Per questo è uno spazio perfetto per iniziare a generare traffico web mirato verso il tuo sito.

Inoltre, conoscendo le giuste strategie, ti renderai conto che Facebook è molto più economico e molto più redditizio di Google.

In queste pagine scoprirai tutto ciò che ti serve per iniziare a generare traffico su Facebook. Tutte queste informazioni nascono dalla mia personale esperienza con Facebook, con il quale ho molte campagne aperte in altrettante nicchie di mercato.

E, se anche tu come me provieni da Google Adwords, stai bene attento: Facebook è molto diverso. Perciò sappi che le strategie che utilizzavi per Adwords difficilmente funzioneranno con questo sistema pubblicitario.

Grazie ancora per aver scelto di investire in questo corso e buon lavoro.

Enrico Sigurtà

CAPITOLO 1:
Come creare la tua prima campagna

Nota bene: la piattaforma di Facebook è relativamente nuova. Questo significa che i comandi e le schermate potrebbero essere leggermente diversi da quelli che ti mostro in questo corso. I concetti però rimangono gli stessi e rimarranno gli stessi ancora per molto tempo.

Il primo passo per far pubblicità su Facebook è, ovviamente, creare la tua prima campagna.

Per prima cosa importante è che tu abbia un profilo su Facebook. Non creare un account fittizio solo per la pubblicità. Utilizza il tuo profilo personale. Le informazioni delle tue inserzioni non verranno mai condivise sulla bacheca e rimarranno sempre private.

È importante che tu utilizzi il tuo profilo principale perché

Facebook, se vede che utilizzi un account fittizio, potrebbe decidere di chiuderti sia il profilo principale sia quello usato per le promozioni. Del resto è contro il loro regolamento creare account multipli. È molto importante che tu rispetti questa loro decisione, come capirai nel corso di questa guida.

Trovare il link che rimanda alla pubblicità purtroppo non è così facile. Questo perché Facebook ha messo quel link in fondo alla pagina. La pagina però, come ben sai, si aggiorna in automatico con le notizie più vecchie man mano che scorri in basso.

Informazioni · Pubblicità · Crea una Pagina · Sviluppatori · Opportunità di lavoro · Privacy · Condizioni · Centro assistenza

SEGRETO n. 1: scorri fino al piè di pagina di Facebook e clicca su "Pubblicità" per creare la tua prima campagna promozionale.

Se, scorrendo in fondo alla pagina principale non riesci a cliccare sul link, puoi andare su una qualsiasi pagina di un qualsiasi utente e da lì scorrere in fondo. Il link sarà presente anche lì.

A questo punto verrai rimandato su una pagina con alcune istruzioni. Segui le istruzioni, verrai rimandato alla bacheca degli inserzionisti. Da questo momento in poi, quando vorrai accedere alla bacheca, ti basterà cliccare sul link che troverai nella colonna di sinistra:

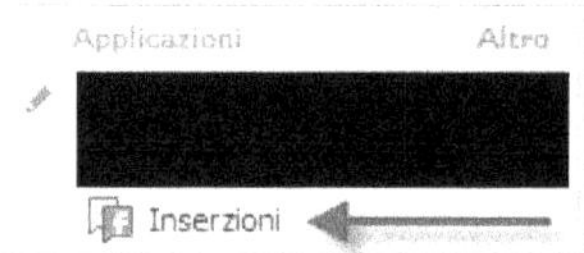

N.B: nelle immagini di questo corso, le parti oscurate servono a proteggere la mia privacy.

Prima di creare la tua prima inserzione, potrebbero venirti richiesti alcuni dati. Dati come il numero di carta di credito e il codice fiscale o la Partita IVA. Inserisci questi dati in maniera corretta. Una volta inseriti i dati clicca su “crea un’inserzione”.

A questo punto ti verrà richiesto di inserire i dati del tuo primo annuncio promozionale:

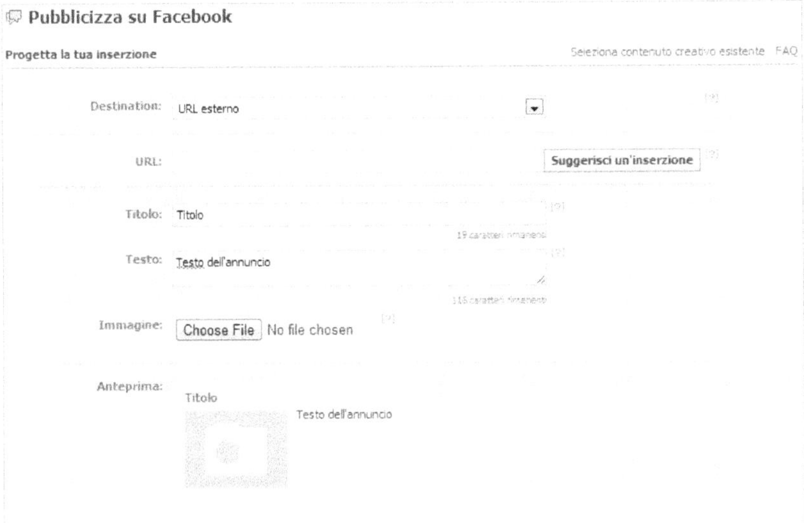

Il primo dato da inserire è la destinazione dell'annuncio. Puoi creare annunci per le tue fan page, per le applicazioni, per i tuoi gruppi o per dei siti esterni. Come noterai puoi scegliere una sola destinazione dal menù a tendina.

Se vuoi promuovere una tua fan page, semplicemente scegli la pagina dall'elenco delle pagine. Se viceversa vuoi promuovere un sito esterno a Facebook, devi selezionare "URL esterno".

SEGRETO n. 2: per promuovere un sito Internet, nel campo "Destination" seleziona "URL esterno". Alternativamente, nel menu a tendina, potrai rimandare gli annunci alle tue Fan Page o alle tue Applicazioni.

Subito dopo la destinazione c'è il campo URL. Questo campo va riempito solo se hai scelto di promuovere un sito esterno, All'interno di questo campo dovrai inserire l'indirizzo del tuo sito Internet. Ricorda che deve sempre iniziare con http://

Una volta inserita la destinazione della tua inserzione, dovrai scegliere il titolo, il testo e l'immagine dell'annuncio. Ricordati che per il titolo hai solo venticinque caratteri (questo include lettere, numeri, punteggiatura e spazi) mentre per il testo ne hai 135.

Nel Capitolo 2 ti spiegherò esattamente come scrivere degli annunci vincenti ed efficaci seguendo le linee guida di Facebook. Intanto, per la tua prima campagna, inserisci ciò che ritieni giusto.

Sotto questi tre campi (titolo, testo e immagine) apparirà in anteprima quello che è l'annuncio finale. Se la tua connessione è particolarmente lenta, ci impiegherà un po' a farti vedere in anteprima l'annuncio. Viceversa, se la connessione è veloce, vedrai l'anteprima dell'annuncio mentre modifichi i campi.

SEGRETO n. 3: nei campi titolo, testo e immagine potrai lavorare sulla creazione del tuo annuncio promozionale. Subito sotto vedrai l'anteprima del tuo annuncio in tempo reale.

A questo punto, inseriti i dati principali, è il momento di scegliere i dati del targeting (dall'inglese *targeting*, che significa "prendere di mira", ossia decidere quali persone vedranno il tuo annuncio). Nel capitolo tre approfondirò tantissimo il discorso del target, soprattutto perché è molto diverso da qualsiasi altra piattaforma promozionale presente on-line al giorno d'oggi.

La prima cosa che ti viene richiesta è di inserire la posizione geografica delle persone che vedranno il tuo annuncio. Cosa significa? Se tu stabilisci l'Italia come posizione geografica, solo le persone che vivono in Italia potranno vedere la tua pubblicità. Le persone che sono in viaggio all'estero ma vivono in Italia, vedranno comunque il tuo annuncio. Viceversa, le persone in viaggio in Italia che però vivono all'estero, non vedranno il tuo annuncio.

Il vantaggio è che puoi stabilire anche nazioni diverse. Quindi, per esempio, se vendi un prodotto ai francesi, ti basterà eliminare Italia e inserire Francia. Così puoi tranquillamente promuovere i tuoi prodotti e servizi in qualunque nazione tu voglia, senza spendere denaro in più o senza dover creare un altro profilo.

Se il tuo prodotto è più specifico puoi utilizzare come target delle singole città. Se, per esempio, sei un idraulico che opera solo a Verona, potrai scegliere di far vedere il tuo annuncio solo ai veronesi. In questo modo, come capirai nei prossimi capitoli, avrai modo di ridurre i costi e di avere un mercato più mirato.

Ti verranno chiesti anche i dati demografici, ossia l'età e il sesso. Per l'età puoi scegliere un intervallo oppure, selezionando la casella "richiedi corrispondenza esatta per l'età", puoi scegliere dei valori precisi.

Per quanto riguarda il sesso e l'età, può essere utile differenziare in alcuni casi e superfluo in altri. Vedremo comunque quando è necessario distinguere e quando no più avanti.

Interessi

Interessi precisi: [?] Inserisci un interesse +

Passa all'ampliamento dei destinatari in base alla categoria [?]

A questo punto dovrai stabilire degli interessi. Questo è in assoluto il momento più delicato di tutta la creazione dell'annuncio. Per il momento non ti spiegherò cosa inserire e cosa non inserire. Quasi tutto il Capitolo 3 è dedicato a questo argomento. Intanto sappi solo che qua puoi decidere quali persone prendere di mira in base agli interessi che hanno. Quindi, se promuovi un sito che parla di calcio, qui potrai decidere di far conoscere il tuo annuncio solo alle persone appassionate di calcio.

Sotto la barra dedicata agli interessi trovi un link con scritto “passa all’ampliamento dei destinatari in base alla categoria”. Cliccandoci sopra ti compare questa schermata:

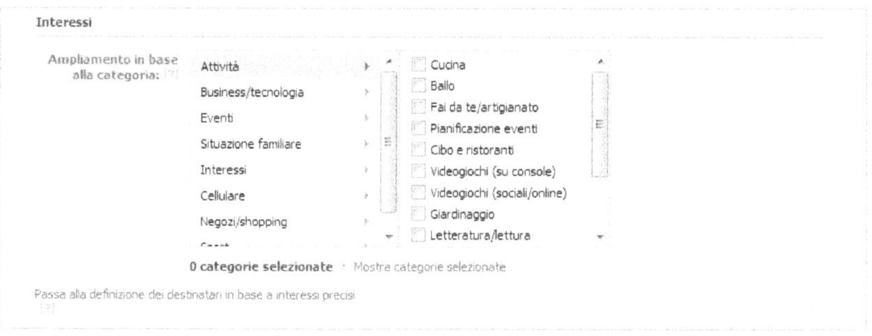

Come vedi, anziché selezionare gli specifici interessi, selezioni le categorie di interesse. Perciò, ad esempio, come si vede nella schermata, puoi mostrare il tuo annuncio a tutte le persone che hanno come attività la cucina o i vari tipi di cucina.

Nel capitolo 3 vedremo quando è conveniente usare i singoli interessi e quando invece devi utilizzare le categorie.

Sotto troverai le connessioni. Le connessioni sono poco utilizzate e raramente ti saranno utili. Ti permettono di prendere come target tutte quelle persone che seguono o non seguono una certa fan page, gruppo o applicazione create da te. Nella maggior parte dei casi questa funzione non è così importante. Quindi, generalmente, dovrai lasciare selezionato "Tutti".

Opzioni avanzate relative ai dati demografici

Interessi in: Tutti Uomini Donne

Situazione sentimentale: Tutti Single Fidanzati ufficialmente Impegnati Sposati

Lingue: Inserisci la lingua

Istruzione e lavoro

Istruzione: Tutti i livelli Laureati Studenti universitari Studenti delle scuole superiori

Posto di lavoro: Inserisci un'azienda, un'organizzazione o altro posto di lavoro

Subito sotto ci sono le opzioni avanzate relative ai dati demografici. Potrai decidere alcune informazioni aggiuntive sulle persone che stai cercando di coinvolgere. Questo include le loro preferenze in ambito amoroso, il loro stato sentimentale, la lingua che parlano, il loro grado di istruzione e il loro lavoro.

Queste informazioni sono necessarie solo per delle specifiche nicchie di mercato.

SEGRETO n. 4: nella sezione "Definizione dei destinatari" dovrai inserire le informazioni delle persone che tu vuoi vedano il tuo annuncio promozionale.

A questo punto c'è la terza parte in cui devi decidere a quale campagna appartiene il tuo annuncio, il prezzo per clic e la sua programmazione. Ricordati sempre che le inserzioni di Facebook sono organizzate così:

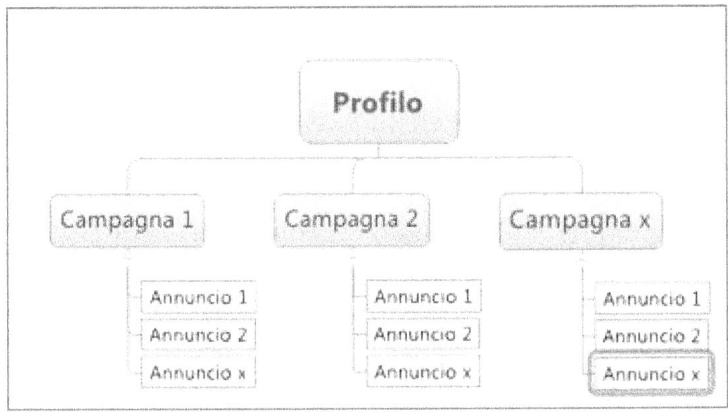

Quindi, hai un profilo su Facebook che può contenere tutte le campagne che vuoi. Ogni campagna può contenere tutti gli annunci promozionali che vuoi. Come vedi è più semplificato rispetto ad Adwords e altri sistemi simili.

Il primo comando richiede di scegliere a quale campagna fa parte il tuo annuncio. Come vedi nell'immagine che ho inserito compare un menù a tendina (che ho oscurato). Da questo menù puoi selezionare le tue campagne già esistenti. Se non hai ancora creato una campagna, o se ne vuoi creare una nuova, devi cliccare su "Crea una nuova campagna". Creando una nuova campagna, ti verrà chiesto di inserire il nome e il budget della campagna. In più dovrai decidere se il budget è giornaliero oppure a vita.

Se scegli un budget giornaliero, significa che ogni giorno la tua campagna spenderà al massimo la cifra che hai scelto. Se viceversa il budget è a vita, vuol dire che la campagna spenderà in totale al massimo il budget che ha scelto. Questo è utile per far dei test. Ad esempio, se vuoi vedere se un mercato è realmente redditizio, puoi decidere di investire 20 euro per un test e vedere come va. Facebook, in automatico, interromperà la campagna nel momento in cui hai speso 20 euro. Ovviamente, se la campagna si rivelerà redditizia, potrai decidere di impostare un budget giornaliero.

Sotto il budget trovi anche la programmazione. Generalmente la programmazione è a vita, ossia l'annuncio continua a funzionare finché non viene interrotto manualmente. Però, in certe situazioni, puoi decidere di creare un annuncio e interromperlo a una certa data precisa. Questo è vantaggioso durante le festività. Ad esempio, anziché creare l'annuncio per Natale due giorni prima del 25 Dicembre, lo crei tre mesi prima e lo fai partire quando fa comodo a te. E, ovviamente, anche l'interruzione è importante. Sempre pensando a quell'annuncio di Natale, puoi fare in modo che venga interrotto automaticamente mentre tu sei in vacanza.

Infine c'è il costo. Hai due possibilità per scegliere il costo: CPM oppure tariffa a clic.

Il CPM significa che tu paghi per ogni 1000 visualizzazioni dell'annuncio, indipendentemente che venga cliccato oppure no. Viceversa, con la tariffa per clic, paghi solo per i clic che ricevi.

Per iniziare utilizza solo la tariffa per clic e inserisci un valore medio tra quelli proposti. A questo punto, quando hai compilato i campi, clicca su "Ordina" per creare la tua prima inserzione pubblicitaria.

L'inserzione non sarà subito attiva perché prima deve venire accettata dall'assistenza. Non preoccuparti: generalmente impiegano meno di ventiquattro ore per accettare l'inserzione.

SEGRETO n. 5: nella sezione "Campagne, prezzo e programmazione" potrai decidere quanto spendere al massimo per la tua inserzione e quando avviarla e arrestarla.

RIEPILOGO DEL CAPITOLO 1:

- SEGRETO n. 1: Scorri fino al piè di pagina di Facebook e clicca su "Pubblicità" per creare la tua prima campagna promozionale.
- SEGRETO n. 2: Per promuovere un sito Internet, nel campo "Destination" seleziona "URL esterno". Alternativamente, nel menu a tendina, potrai rimandare gli annunci alle tue Fan Page o alle tue Applicazioni.
- SEGRETO n. 3: Nei campi titolo, testo e immagine potrai lavorare sulla creazione del tuo annuncio promozionale. Subito sotto vedrai l'anteprima del tuo annuncio in tempo reale.
- SEGRETO n. 4: Nella sezione "Definizione dei destinatari" dovrai inserire le informazioni delle persone che tu vuoi vedano il tuo annuncio promozionale.
- SEGRETO n. 5: Nella sezione "Campagne, prezzo e programmazione" potrai decidere quanto spendere al massimo per la tua inserzione e quando avviarla e arrestarla.

CAPITOLO 2:
Come scrivere un annuncio

Ora che hai visto come creare la tua prima campagna, iniziamo a vedere come ottimizzare i vari passaggi. In questo capitolo vedremo come scrivere un annuncio vincente. Per prima cosa è assolutamente importante che tu legga e stampi il regolamento per gli inserzionisti. Soprattutto per le tue prime campagne, dovrai tenerlo sempre a portata di mano.

SEGRETO n. 6: stampa il regolamento per gli inserzionisti di Facebook. Ti semplificherà la vita e ti velocizzerà nella creazione delle tue prime campagne.

È estremamente importante che tu conosca il regolamento, perché su Facebook ha un'importanza molto più alta rispetto a tanti altri siti. Inoltre, nel regolamento, capirai cosa puoi e cosa non puoi scrivere nei tuoi annunci.

Cosa conta veramente

All'interno dell'annuncio ci sono tre elementi: il titolo, il testo e l'immagine. È stato dimostrato che, di questi tre elementi, per l'80% incide l'immagine. Cosa significa? Che se la tua immagine è perfetta e il tuo annuncio pessimo riceverai comunque tanti clic mirati. Viceversa se la tua immagine è scelta male e il tuo annuncio è perfetto riceverai pochi clic.

Il motivo per cui l'immagine è più importante del testo è molto semplice: l'immagine è quella che sposta l'attenzione degli utenti dalle attività normali al tuo annuncio. Quindi, un utente sta navigando normalmente su Facebook. Guarda fotografie, commenta profili, e via dicendo. A un certo punto qualcosa coglie la sua attenzione. Quella cosa è l'immagine.

È il motivo per cui, su Google Adsense, è vietato inserire immagini a fianco degli annunci. Le immagini attirano l'attenzione e aumentano il numero dei clic sugli annunci. Per questo motivo, nella creazione dell'annuncio, dedica molto più tempo alla scelta dell'immagine.

SEGRETO n. 7: nella creazione dell'annuncio, dedica molto più tempo alla selezione dell'immagine. Questa farà la differenza tra una campagna vincente e redditizia e una perdente.

Titolo e testo

Nonostante che a livelli statistici l'annuncio scritto sia meno incisivo rispetto all'immagine, l'assistenza, che approva o scarta manualmente gli annunci, dà molta importanza all'annuncio e al suo contenuto. Questo vuol dire che il tuo annuncio deve comunque essere a norma di regolamento per essere accettato.

Purtroppo Facebook, a differenza di Adwords e simili, non ama i copywriter. Questo vuol dire che se il tuo annuncio utilizza tecniche particolari di copywriting, potrebbe venire scartato.
In particolare Facebook non accetta:

- parole scritte in maiuscolo, a meno che non sia necessario: ad esempio una parola come *Nasdaq* può essere accettata in maiuscolo. Viceversa una parola come *bellissimo* verrà scartata. Anche nomi di gruppi musicali o di giochi, di tanto in tanto, vengono accettati in maiuscolo;

- frasi scritte a metà (ad esempio la frase "scopri come ho fatto per dimagrire con..." non verrà accettata). Le tue frasi devono essere sempre di senso compiuto e non possono lasciare pensieri a metà;
- punteggiatura eccessiva, come tre punti esclamativi o tre punti di domanda;
- non puoi esagerare con gli aggettivi (quindi non puoi scrivere "compra questo bellissimo comodissimo affascinante prodotto");
- simboli particolari come § e @, se vengono utilizzati fuori da un contesto logico. Questo include anche le faccine come :-);
- non puoi utilizzare linguaggio da sms (quindi non puoi scrivere *ke* al posto di *che* o *cmq* al posto di *comunque*). Le parole devono essere sempre scritte correttamente. Addirittura a me hanno rifiutato annunci solo per una svista ortografica. È consigliabile quindi scrivere gli annunci utilizzando Firefox, che ha un controllo ortografico incorporato.

In pratica Facebook vuole che tu scriva annunci promozionali grammaticalmente corretti e che non faccia nulla di speciale per attirare l'attenzione. Forse ti chiederai perché allora ci sono annunci che non rispettano questa regola. Il motivo è molto semplice: gli annunci vengono controllati manualmente. Questo significa che un moderatore potrebbe aver sbagliato.

Il problema è che gli annunci vengono anche rivisti periodicamente, in vista degli aggiornamenti delle regole. Se un annuncio è stato accettato per errore, dopo un nuovo controllo verrà scartato. Quindi tanto vale rispettare fin da subito il regolamento piuttosto che sperare nella fortuna e trovare scartato l'annuncio in un secondo momento.

Ci sono altre cose che non puoi fare su Facebook. Ad esempio, non puoi utilizzare parole che possono in qualche modo ricordare argomenti per adulti come sesso, incontri, seduzione, droga ecc. Questo anche se la parola non ha nulla a che vedere con discorsi per adulti. Ad esempio, non puoi scrivere «*prova questo gioco perché è una vera droga*», perché verrà scartato, nonostante molti altri servizi come Adwords potrebbero invece accettarlo. Non puoi scrivere frasi che potrebbero in qualche modo offendere l'utente. Ad esempio non puoi scrivere «*sei grasso?*» perché potrebbe risultare offensivo nonostante, ancora una volta, molti altri circuiti accettino questo tipo di annunci e nonostante siano strategie di copywriting molto note e diffuse.

Oltretutto, gli annunci che potrebbero essere offensivi sarebbero dannosi anche per te perché, come capirai nei prossimi capitoli, gli annunci vengono votati dalle persone che li vedono.

Se vuoi promuovere un report gratuito, non puoi dire che è gratis, a meno che l'utente non possa scaricarlo senza doverti dare i suoi dati. Praticamente, se hai una pagina "spremi nomi" nella quale offri un omaggio in cambio di nome e indirizzo email, non puoi dire che il report è gratis, ma devi specificare nell'annuncio che il report viene dato in cambio dell'iscrizione alla newsletter.

Cosa scrivere nell'annuncio

Ora che hai visto cosa non puoi scrivere, vediamo in breve cosa puoi scrivere per ottenere il massimo dalla tua inserzione. Ricordati che hai solo 25 caratteri per il titolo e 135 per il testo. Quindi soprattutto il titolo deve essere compatto e andare dritto al punto. Viceversa nel testo, che è più spazioso, puoi sbizzarrirti e offrire qualche informazione in più.

Su Internet, nei vari corsi, troverai tante strategie e tanti consigli diversi su come creare annunci efficaci. Io utilizzo una formula molto molto semplice, che converte bene e che velocizza tantissimo l'ideazione, la creazione e l'approvazione dell'annuncio. La strategia consiste nel porre una domanda nel titolo e dare una breve risposta nel testo.

Ti faccio un esempio:
Titolo: Scarpe nuove?
Testo: Vieni da noi a comprare scarpe nuove con sconti fino al 70%.

Un altro esempio:
Titolo: Sovrappeso?
Testo: Scopri i segreti e le strategie per perdere peso senza sacrifici e senza fatica.

Come vedi nel secondo esempio non ho fatto delle promesse del tipo «*perdi 10 chili in 30 giorni*». Non vengono sempre accettati annunci così. È molto meglio fare una promessa generica piuttosto che una specifica che non può essere sempre mantenuta. Come puoi notare, in entrambi gli esempi, non ho utilizzato 135 caratteri per il testo, ma meno. Questo perché non è indispensabile utilizzarli tutti, ne è consigliato. Vedo che tanti corsi su Adwords ti dicono che è essenziale utilizzare tutti i caratteri a disposizione per ottenere risultati migliori. Nella mia esperienza non è sempre così: è molto meglio usare meno caratteri ed essere più diretti piuttosto che scervellarti, cercare di riempire gli spazi per poi magari rovinare il tuo annuncio.

Sii breve e conciso e dai solo le informazioni essenziali. Ricordati sempre la formula: una domanda e una risposta. La domanda non deve essere necessariamente una vera e propria domanda. Può anche trattarsi di una o due parole seguite da un punto di domanda, come negli esempi che ho fatto. La risposta deve far capire l'importanza per l'utente di entrare nel tuo sito. Ad esempio «*Scarpe nuove?*» non è una domanda diretta. Però interrompe i pensieri. Sembra quasi che tu stia leggendo nella mente dell'utente e gli stia chiedendo: «Ti servono delle scarpe nuove?» Puoi farlo con qualsiasi cosa. Ad esempio:

- Sushi?
- Videogioco omaggio?
- Ebook su Facebook?
- Sovrappeso?

- Annoiato?

Ricordati che le persone sanno che quelli sono annunci promozionali. Quindi non cercare di fare come molti fanno su Adwords, ossia mascherare il tuo annuncio come un risultato della ricerca o come una parte del sito su cui si trova. La gente sa che la tua è pubblicità, per cui vale la pena andare fino in fondo e scrivere un messaggio promozionale.

Un'altra cosa molto importante che devi sapere è che nell'annuncio devi dare del *tu*. Non dare del *voi* o del *lei*, rendendo l'annuncio formale. Stai parlando direttamente con l'utente, non con un gruppo di persone, Quindi scrivi «scopri come» non «scoprite come».

Facendo così l'utente si sentirà più coinvolto nel messaggio, sarà più interessato a visitare la tua pagina. Viceversa, se usi un atteggiamento formale, crei distacco. Il distacco ti rende un estraneo agli occhi del lettore. Viceversa, se gli dai del tu, inconsciamente ti percepirà come un amico o come qualcuno molto vicino.

Un piccolo segreto

Inserisco questo segretino tra le righe, come piccolo bonus per i lettori più attenti. Un segreto che devi sempre tenere a mente quando crei un annuncio, è l'obiettivo dell'annuncio stesso. L'obiettivo dell'annuncio è sempre e solo uno: generare clic. Quindi, quando crei l'annuncio, non strafare. Non cercare di spiegare chi sei o cosa fai. Non ne hai lo spazio. Tutto quello che devi fare è **vendere il clic**.

Se pensi solo e soltanto a motivare l'utente a cliccare, i tuoi clic aumenteranno a vista d'occhio. Devi creare un annuncio a tema in cui motivi l'utente a cliccare e visitare il tuo sito. Sarà il tuo sito poi a spiegare al lettore chi sei, cosa fai e cosa vendi. Se sei un inserzionista astuto, fai tesoro di questo piccolo segreto. Scrivilo e tienilo sempre con te. Ho perso il conto di quante volte questa semplice strategia ha fatto la differenza per me.

SEGRETO n. 8: utilizza la tecnica della domanda/risposta per creare rapidamente annunci che convertono molto bene e che vengono facilmente accettati dai moderatori.

L'immagine

A questo punto vediamo quali immagini vanno bene e quali no. Ti ricordo che l'80% dell'efficacia del tuo annuncio è dovuta alle immagini. Per questo, se metti delle buone immagini, il tuo annuncio otterrà dei buoni risultati. Se, viceversa, le immagini sono scelte male, il tuo annuncio non verrà notato dalle persone.

Il regolamento di Facebook impone che le immagini siano adatte a qualsiasi pubblico (quindi nulla d'impressionante, scabroso o pornografico) e che siano inerenti all'annuncio. Quindi non puoi, per esempio, mettere una pizza per pubblicizzare un negozio di scarpe, perché non è inerente. Inoltre non puoi utilizzare frecce o finti pulsanti per invogliare le persone a cliccare sull'annuncio.

Premetto fin da subito che le immagini che ti mostro sono molto piccole. Questo perché le immagini sugli annunci di Facebook sono piccole (massimo 110x80 pixel) e anche perché queste sono immagini vere, tratte da annunci veri. Dato che sono piccole e non tutti riescono a vederle bene, dopo ogni immagine c'è una breve descrizione dell'immagine stessa. A fianco di ogni immagine metterò una X rossa per farti capire che l'immagine non va bene e non è consigliabile mentre metterò una V verde per quelle immagini che vanno bene e che sono consigliabili.

 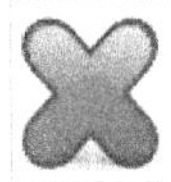

Questa prima immagine è la copertina di un libro. L'annuncio sponsorizzava il libro nell'immagine. Quest'immagine non va bene anzitutto perché piccola e si fa molta fatica a capire che cos'è. Io stesso all'inizio ho fatto fatica a capirlo, se non fosse che conoscevo già il libro in questione.

Un'immagine deve essere semplice e immediata da capire. Più complicata è e meno è efficace.

Questa seconda immagine è la parte finale di un microscopio. Questo annuncio promuoveva una associazione americana di dentisti. Qui ci sono due grandissimi errori: il primo è che si fatica a capire di cosa si tratta e solo le persone che hanno visto un microscopio nella loro vita sanno che cos'è. Quindi non è un'immagine immediata. In secondo luogo, il microscopio non c'entra nulla con i dentisti se non in maniera molto marginale. Era molto meglio mettere la foto di un dente o di un gruppo di dottori sorridenti.

Questa terza immagine è un banner pubblicitario preso e caricato senza modifiche. Questo è un banner molto lungo e molto grande, con un testo leggibile. Però, quando Facebook riceve immagini molto grandi da caricare, automaticamente le ridimensiona alle dimensioni standard, ossia alle dimensioni massime di 110×80 pixel.

Questo banner, oltre a essere veramente brutto da vedere con queste dimensioni, è anche illeggibile e non si capisce assolutamente quale sia il messaggio originale. Caricando immagini del genere darai l'impressione agli utenti di essere una persona che lavora con grandissima superficialità. E questa è la peggior pubblicità che puoi fare per te stesso.

 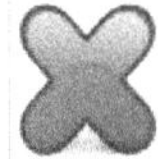

Questa immagine è un punto di domanda fatto di sagome nere. Quest'immagine, pur essendo piuttosto carina e utile per certi contesti, è fuori luogo e non trasmette assolutamente nulla del prodotto che si sta cercando di promuovere. Infatti, vedendo un'immagine del genere, nessuno riuscirebbe a capire che prodotto si sta promuovendo. Non si sa se si tratta di un prodotto per il marketing, per gli investimenti, per il miglioramento personale, per gli sconti ecc. Molta gente, dunque, ignorerà completamente l'annuncio semplicemente perché non sarà attratta da esso.

Questa quinta immagine, di dimensioni reali rispetto a quella che ho trovato su Facebook, dovrebbe essere il logo di un'azienda. Dico *dovrebbe*, perché non si capisce. È scritto talmente piccolo che risulta completamente illeggibile. Non ha senso mettere una scritta se nessuno può leggerla. Se vuoi mettere una scritta, fai in modo che sia leggibile.

Quest'ultima immagine è, a mio avviso, la dimostrazione suprema della pigrizia di certe agenzie pubblicitarie. Questo annuncio infatti è stato creato da un'agenzia qui in Italia per il sito di ecommerce di un mio amico. Come puoi vedere dall'immagine, si capisce che questa altro non è che la schermata del sito che viene promosso.

Un occhio attento capisce che quest'immagine è l'immagine di un sito di commercio elettronico, quindi di un catalogo di prodotti. E aguzzando bene la vista si può anche vedere che si tratta di un negozio di informatica. Ma, onestamente, quante persone hanno capito questa cosa? Io conosco bene il sito del mio amico e ho una vista molto allenata altrimenti anche io avrei avuto problemi a capirlo. Inoltre, sempre nell'immagine, compare il logo della FedEx. La FedEx è un'azienda di spedizioni americana. Inserire loghi o simboli di cui non si possiedono i diritti all'interno di un annuncio promozionale è contro il regolamento, ed è illegale.

In questo caso l'immagine è talmente piccola che serve una lente d'ingrandimento per trovare il logo, e quindi non si rischiano problemi di carattere legale. Ma se fosse più grande e più comprensibile il mio amico avrebbe corso seri pericoli. Questo per dirti che devi stare molto attento alle immagini che utilizzi. In conclusione, questa immagine non va per niente bene. È piccola, incomprensibile e contiene elementi potenzialmente pericolosi dal punto di vista legale.

SEGRETO n. 9: evita l'utilizzo di immagini strane, complesse o troppo piccole per poter essere comprensibili. Abbasseranno la qualità del tuo annuncio e i clic che riceverai.

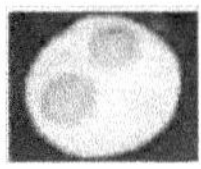

Questa immagine è l'immagine di un uovo al burro e promuove un prodotto per il body building. Questa immagine è buona e va bene. Anzitutto è immediata e capiamo tutti subito cos'è. Secondo poi, ritrae un cibo e il cibo attira molto l'attenzione perché è qualcosa di primitivo e istintivo. È una cosa che ci attrae naturalmente. In più, rispetto a quell'annuncio e al sito ben promosso, l'immagine è azzeccata perché vengono spiegate diverse informazioni riguardo la dieta e all'uso delle uova per chi fa allenamento in palestra.

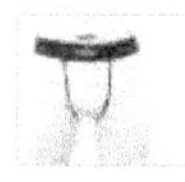 

Quest'immagine promuove un sito che vende biancheria intima. Nonostante possa sembrare il contrario, è estremamente azzeccata. Anzitutto non è pornografica né ricorda anche lontanamente argomenti per adulti. È un normalissimo paio di boxer. Però, il solo fatto di vedere dei boxer su Facebook attira molto l'attenzione, perché è una cosa fuori dal comune e perché la persona sicuramente non se l'aspetta nella sezione annunci promozionali.

Questa immagine si capisce molto poco perché è molto sgranata. Essa rappresenta una donna con le occhiaie, i capelli spettinati, la faccia pallida ed evidentemente stressata.

Quest'immagine promuoveva un prodotto per smettere di fumare. È un'immagine molto azzeccata perché la donna in questione sembra una fumatrice sfegatata. Sembra quasi un monito per tutti i fumatori. Attira molto l'attenzione, e da sola trasmette già un messaggio, grazie alla sua semplicità. L'unico difetto sta nelle dimensioni e nella qualità della foto. Molto probabilmente il proprietario dell'annuncio ha preso l'immagine e l'ha ingrandita e rimpicciolita diverse volte, compromettendone la qualità. Se l'immagine fosse stata curata meglio, sarebbe stata perfetta.

Websites
written
by a pro
See Samples

Questa immagine è tanto brutta quanto efficace. Come vedi è un testo molto breve scritto con dei colori molto accesi. Questa è un'immagine che si può creare in cinque minuti con qualsiasi software di grafica (anche con *Paint* di Windows). In sé e per sé attira molto l'attenzione. È semplice, contiene un messaggio immediato e leggibile, è colorata e fa subito capire di cosa tratta l'annuncio.

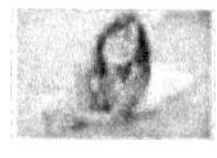 

Quest'ultima è l'immagine di una donna sorridente su un prato. È stato dimostrato che le immagini che attirano di più l'attenzione sono immagini di donne sorridenti o di neonati. Per questo è sempre consigliabile utilizzare l'immagine di una donna per la tua pubblicità. Ovviamente non è sempre possibile e a volte non è neanche il caso. Però, se riesci a utilizzarla, sappi che riuscirai ad attirare l'attenzione delle persone. E non solo degli uomini, com'è comune pensare, ma anche delle donne. Sono stati fatti molti test in cui si è dimostrato che qualsiasi pubblico, appena vede una donna, è attratto dall'annuncio e tende a cliccarci sopra.

SEGRETO n. 10: utilizza immagini semplici e che trasmettano rapidamente l'idea di ciò che stai promuovendo. Così attirerai l'attenzione e i clic degli utenti.

RIEPILOGO DEL CAPITOLO 2:

- SEGRETO n. 6: Stampa il regolamento per gli inserzionisti di Facebook. Ti semplificherà la vita e ti velocizzerà nella creazione delle tue prime campagne.
- SEGRETO n. 7: Nella creazione dell'annuncio, dedica molto più tempo alla selezione dell'immagine. Questa farà la differenza tra una campagna vincente e redditizia e una perdente.
- SEGRETO n. 8: Utilizza la tecnica della domanda/risposta per creare rapidamente annunci che convertono molto bene e che vengono facilmente accettati dai moderatori.
- SEGRETO n. 9: Evita l'utilizzo di immagini strane, complesse o troppo piccole per poter essere comprensibili. Diminuiranno la qualità del tuo annuncio e i clic che riceverai.
- SEGRETO n. 10: Utilizza immagini semplici e che trasmettano rapidamente l'idea di ciò che stai promuovendo. Così attirerai l'attenzione e i clic degli utenti.

CAPITOLO 3:
Come scegliere il targeting

A questo punto parleremo di due argomenti molto importanti. Il primo argomento è la scelta del target giusto. La seconda riguarda la riduzione dei costi. Ho messo assieme questi due argomenti perché sono collegati tra di loro.

Demografia e psicografia

Uno dei motivi per cui preferisco Facebook come piattaforma promozionale rispetto ad Adwords, è che Facebook utilizza, come target, la demografia e la psicografia. Adwords, invece, utilizza principalmente le parole chiave.

Mi spiego meglio per chi non conosce Adwords: ogni volta che crei un annuncio su Adwords devi inserire delle parole chiave. Quindi devi dire alla piattaforma quando far comparire un certo annuncio. Se hai scelto come insieme di parole chiave «dieta a zona», ogni volta che una persona cerca «dieta a zona», comparirà il tuo annuncio nei risultati della ricerca. Viceversa, se una persona cerca solo dieta, il tuo annuncio non comparirà. Questo è, in linea di massima, il funzionamento di Adwords. Questo meccanismo ha uno svantaggio: se una persona cerca «dieta a zona», potrebbe avere mille motivi per cercare quella specifica parola. Non è per forza interessata alla dieta a zona. Magari vuole delle informazioni a riguardo e magari pensa che tu offra solo informazioni. Del resto molte persone non sanno che i risultati sulla colonna di destra sono annunci promozionali.

In più puoi essere trovato quando le persone cercano una certa parola. E se non gli venisse in mente di cercare? È così che tanti potenziali clienti rimangono nell'ignoto, lontani dai tuoi prodotti.

Viceversa, Facebook, prende di mira le passioni e gli interessi di una persona. In questo modo mette in mostra solo cose cui la persona è effettivamente interessata. Non solo! Una strategia avanzata, che utilizzo molto spesso, consiste nel trovare mercati correlati al tuo. Ciò significa che, ad esempio, le persone interessate al giardinaggio potrebbero essere interessate anche ai rimedi naturali. È quindi un modo per coinvolgere persone di nicchie diverse nel tuo mondo. Questo è un grandissimo vantaggio per tutte quelle persone che fanno seriamente il proprio lavoro online. Infatti, quando lavori online, è molto importante che tu conosca e comunichi costantemente con il tuo mercato per sapere cosa vuole e cosa ama. Così ad esempio, comunicando costantemente con i mercati che seguo, ho scoperto quali sono le passioni delle persone che mi seguono. Creando annunci per individui con quelle passioni ho raggiunto tantissime persone (e clienti) nuove, che non avrei mai trovato con i metodi promozionali tradizionali. Questo perché si tratta di persone che, magari, non hanno pensato di cercare certi argomenti su Google.

Questo vantaggio è più che sufficiente per raddoppiare o triplicare la tua attuale base clienti, ma solo se ti prendi del tempo per comunicare e conoscerli.

SEGRETO n. 11: studia a fondo la tua nicchia di mercato. Così facendo potrai, tramite le inserzioni di Facebook, raggiungere migliaia di persone che non avresti mai potuto coinvolgere con altri mezzi promozionali.

Demografia

Iniziamo anzitutto a vedere la demografia, ossia tutto ciò che riguarda le persone cui promuovere certi prodotti. Per quanto riguarda la nazione non c'è molto da dire: vendi i prodotti nelle nazioni in cui si parla la lingua con cui è scritta la pagina di vendita. Ad esempio, se vendi un libro in inglese, vendilo in Inghilterra e negli Stati Uniti, non in Italia. Non creare annunci italiani, per esempio, per un mercato americano.

So che sembra banale come cosa, ma tantissime persone si ostinano a creare annunci nelle lingue più disparate per promuovere il proprio prodotto a chiunque. Non sono rari gli annunci che vedo in russo o in cinese. Annunci che non capisco, perché non parlo né il russo né il cinese.

Per quanto riguarda il sesso, ti consiglio di fare una distinzione: crea un annuncio solo per gli uomini e uno solo per le donne. Ti spiego perché: come la psicologia ha ampiamente dimostrato, le donne pensano e reagiscono in maniera differente alle immagini rispetto agli uomini. Perciò, se carichi un'immagine che attira molto gli uomini non significa necessariamente che essa attiri anche le donne. E così vale per il contrario ovviamente. Piuttosto che danneggiare il tuo annuncio, tanto vale crearne due. Mi capita molto spesso di vedere che uno stesso annuncio ha molta presa su persone di un certo sesso mentre l'altro rende malissimo. Ovviamente, quello che rende malissimo molto spesso va modificato leggermente per fare in modo che sia efficace per l'altro sesso.

Lo stesso vale anche per l'età. Ti consiglio di dividere sempre gli annunci in due fasce d'età: tra i 18 e i 34 anni e dai 34 anni in su. Il motivo è sempre e lo stesso: le persone con meno di 34 anni reagiscono a stimoli diversi rispetto a quelle che ne hanno più di 34.

Ricordati sempre che puoi fare tantissimi annunci, tutti simili, ma con fasce demografiche diverse. E ti consiglio di farlo, così vedrai quali fasce rendono meglio e quali vanno ottimizzate. In questo modo, oltre a ridurre notevolmente i costi, aumenti anche i successi in maniera efficace e veloce.

C'è anche la possibilità di inserire lo stato sentimentale, il lavoro e alcune altre informazioni demografiche. Personalmente, a parte una sola eccezione, non ho mai utilizzato queste ulteriori informazioni demografiche, perché non sono così utili. Però, puoi sempre fare un test e vedere se le persone con certe preferenze sentimentali o lavorative convertono meglio o peggio. Nella mia esperienza la differenza è talmente piccola che non vale neanche la pena perderci tempo.

SEGRETO n. 12: per ottimizzare i tuoi sforzi crea più annunci promozionali, ognuno che coinvolga un sesso e una fascia d'età differente.

Psicografia

La demografia è, in sé e per sé, molto facile. Sono rarissime le eccezioni a livello di regolamento in cui le strategie viste sopra non valgono pienamente. E sono regole che, comunque, scoprirai leggendo il regolamento. Non le trascrivo qui perché variano di volta in volta assieme al regolamento stesso.

La psicografia riguarda tutte le passioni degli utenti. Come fa Facebook a sapere quali sono le passioni e gli interessi delle singole persone? Queste che vedi sono le immagini di due profili di due amici che ho su Facebook:

Attività e interessi

Altro	Museo Diffuso della Resistenza, ExtraTorino, Radio Energy, Il Sole 24 ORE, Metro, Turin Marathon, Polizia Postale Official Web Site Fan, democrazia 2.0 - sostenibilità, Città di Torino, Forum Giovani Circoscrizione 1, Università degli Studi di Torino, EMERGENCY, Leggo - Il sito ufficiale, la Repubblica, Mordecai Richler, City Gate, CIRCOSCRIZIONE UNO CENTRO-CROCETTA, Fondazione Luigi Einaudi - Torino, Palio dei Quartieri, Traffic Festival, ILWEB E' PIU' FORTE DELLA TV, Guido Ceronetti, Le migliori offerte della tua città, Il Fatto Quotidiano, Gianluca Nicoletti, Radio Radicale, Marco Pannella, Adecco, Thinking Pot - Diritto al Futuro, Radio Veronica One, La Stampa, Festival internazionale del teatro di strada di Torino., Però Torino

Fin da quando ti registri su Facebook ti viene chiesto di inserire quali sono le tue passioni musicali, i tuoi hobby e tante altre cose. In pratica ti viene chiesto di comunicare i tuoi primi interessi. In più, ogni volta che metti "mi piace" su una specifica pagina, stai aggiungendo altri interessi al tuo profilo.

Le persone, ogni volta che mettono "mi piace" su una pagina, diventano possibili target per le pubblicità. Ti faccio un esempio: se stai vendendo l'ultimo cd di Vasco Rossi, tutte le persone che hanno messo mi piace sulla pagina di Vasco Rossi vedranno il tuo annuncio. È semplice!

Quindi, più una persona è attiva su Facebook, più tipi di pubblicità potrà vedere. E questo è un grande vantaggio per te, perché sai che le persone che frequentano spesso Facebook sono anche quelle che vedranno maggiormente la tua pubblicità. E, dal punto di vista statistico, sono anche quelle che cliccano su più annunci, visitano più siti e acquistano di più. Ci sono due modi per inserire gli interessi.

Il primo metodo: l'inserzione manuale

Devi scrivere gli interessi all'interno dello spazio bianco. Quest'inserimento non è molto diverso dalle parole chiave. L'unica differenza è che non puoi inserire tutto quello che vuoi. Devi inserire solo quello che Facebook ti suggerisce. Ad esempio:

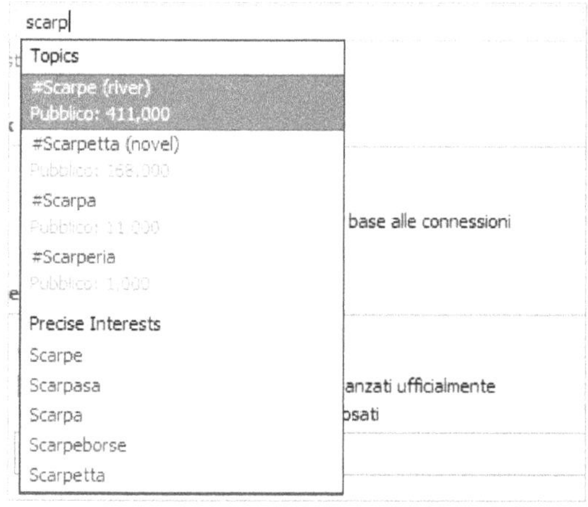

Come puoi vedere dall'immagine, io ho scritto "scarp". Ecco, nel momento in cui scrivi una parola incompleta, ti compare un menù a discesa con una serie di suggerimenti. Tu non puoi inserire scarpa e basta, devi inserire uno di quei suggerimenti. E, per farlo, devi semplicemente cliccare sul suggerimento. Puoi aggiungere tutti gli interessi che vuoi. Il menù a tendina compare mentre scrivi ma se la tua connessione Internet è molto lenta, devi aspettare qualche istante prima che compaia. Apparentemente è una limitazione, in realtà è un grandissimo vantaggio. È un risparmio di tempo per te e in più trovi solo cose che effettivamente interessano alle persone. Tu sai che nel momento in cui inserisci uno di quei suggerimenti, ci sono già delle persone interessate a uno specifico argomento.

Nell'immagine vedi che ci sono due categorie di suggerimenti: una si chiama "topics" (dall'inglese argomenti), l'altra è quella dei "precise interests" (interessi precisi). Come puoi notare gli argomenti hanno tutti questo simbolo davanti #. Viceversa gli interessi precisi non hanno nulla davanti. Qual è la differenza?

Nel caso degli argomenti, prendi di mira tutte quelle persone che hanno parlato di un certo argomento. Infatti, su Twitter, si usa creare categorie di discussione, per cui se una persona condivide un link sulle scarpe, alla fine del messaggio scriverà #scarpe. In questo modo, tutte le persone interessate alle scarpe, vedranno l'aggiornamento. Twitter è sempre più integrato con Facebook. Per questo negli ultimi mesi si è iniziato a utilizzare questo sistema di argomentazioni anche su Facebook. Prendendo di mira le persone per interessi specifici, prenderai di mira principalmente le persone più attive, ossia quelle che parlano di quel determinato argomento con frequenza.

Generalmente io utilizzo sia gli argomenti sia gli interessi precisi nei miei annunci. Questo perché, alla fine, chi ha parlato di un certo argomento ha anche interesse per quella discussione. Quindi non ha molto senso creare un annuncio in più per dividere argomenti e interessi precisi. Però sei sempre libero di fare dei test e vedere se per te i risultati sono diversi.

SEGRETO n. 13: crea annunci mirati, in modo da coinvolgere persone con interessi affini al prodotto che stai promuovendo. Ricorda che puoi creare più annunci uguali ma con target diverso.

La tecnica trova argomenti

Prima di passare al secondo tipo di ricerca degli interessi, voglio farti conoscere la tecnica che utilizzo io per trovare interessi specifici soprattutto in quelle nicchie di mercato che conosco poco.

Poniamo il caso che tu voglia promuovere un negozio di scarpe. La prima cosa da inserire è sicuramente "scarpe" e tutte le parole correlate. Queste però potrebbe non bastare. Allora cosa fai? Scrivi "scarpe a" e guarda che suggerimenti compaiono. Poi scrivi "scarpe b" e guardi cosa comprare. E così via, fino a far passare tutto l'alfabeto.

Con questa semplicissima strategia sono riuscito, più di una volta, ad accedere a decine di migliaia di nuovi potenziali clienti che non avrei mai trovato in altri modi. È sicuramente un metodo che richiede un po' di tempo, ma posso garantirti che ne vale veramente la pena. In più, oltre a utilizzare questo semplice sistema, puoi impiegare dei sinonimi. Quindi, se stai cercando la parola discoteca, puoi provare a inserire "disco" o "locale" e vedere cosa salta fuori nei suggerimenti.

SEGRETO n. 14: usa la tecnica "trova argomenti" per trovare nuovi interessi e coinvolgere nuovi potenziali clienti. Richiede tempo, ma può portarti molti guadagni extra.

Il secondo metodo

Come puoi notare, sotto la barra per inserire gli interessi, c'è scritto «passa all'ampliamento dei destinatari in base alla categoria». Cliccando sul link, la barra si trasformerà in questo elemento:

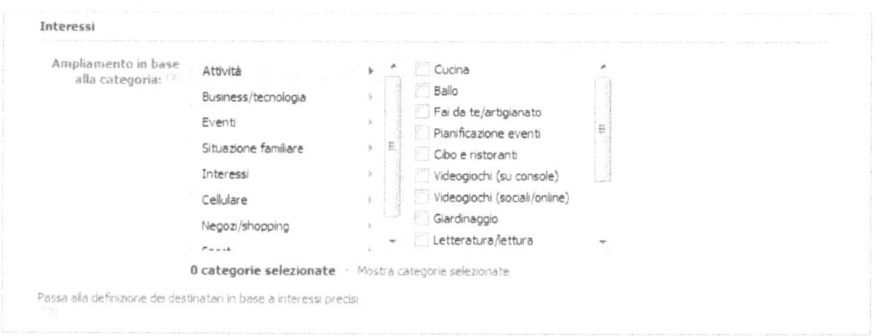

Da qui si apre possibilità di selezionare dei gruppi di interesse o di categoria. Il vantaggio di questo sistema è che puoi, nel giro di due minuti, selezionare decine di categorie, senza dover conoscere nulla delle nicchie di mercato in cui ti stai muovendo.

Questa comodità ha un prezzo: i tuoi annunci convertiranno molto di meno e saranno molto meno efficaci. Ti faccio un esempio: come vedi nell'immagine, la prima categoria è cucina. Se tu selezioni cucina, tutte le persone che amano la cucina vedranno il tuo annuncio.

Ma se stai promuovendo un prodotto su come cucinare una bistecca ai ferri, le persone che vedranno il tuo annuncio saranno interessate a *qualsiasi* tipo di cucina, che include anche la cucina vegana, giapponese e tante altre forme di cucina che non hanno nulla a che vedere con la carne ai ferri. Di conseguenza non saranno interessate al tuo annuncio, non lo cliccheranno e potrebbero addirittura votarlo negativamente.

Lo stesso vale per tutte le altre categorie ovviamente. Quindi, qual è il vero vantaggio di questa selezione per categorie? Il vantaggio sta nella possibilità di creare annunci rapidamente e vedere se questi ti portano un ritorno economico. Se vedi che l'annuncio porta guadagno, allora ti conviene prendere l'annuncio stesso e renderlo più preciso e mirato per quanto riguarda gli interessi e gli argomenti. Viceversa, se si rivela essere una nicchia poco redditizia o non rende bene, semplicemente scarti l'annuncio sapendo che non hai sprecato troppo tempo per crearlo e gestirlo. Il mio consiglio è quello di utilizzare il secondo metodo solo ed esclusivamente per testare mercati nuovi. Per tutte le altre situazioni utilizza sempre e solo il primo metodo, che è molto più efficace e ti porta molti più guadagni.

Prevedo, per il futuro, che Facebook inserirà il secondo metodo come suo sistema principale. Del resto, utilizzando questo metodo, i clic costano molto di più, ed è perfetto per far pagare molto a tutti coloro che sono alle prime armi e alle grandi aziende, che raramente hanno tempo di capire come funzionano piattaforme come questa. Stai bene attento a quando avverrà perché dovrai ricordarti, ogni volta, di utilizzare il metodo degli interessi precisi.

Come faccio a vedere quante persone vedono l'annuncio?

Man mano che selezioni la demografia, gli interessi o le categorie, è importante che tu sappia quante persone approssimativamente vedranno il tuo annuncio, Per questo noterai, nella colonna di destra, questo rettangolino:

Numero di utenti stimati [?]

18.136.440 persone

- che vivono in: **Italia**
- da **18** anni in su

Come vedi nel rettangolino c'è un numero, ossia il numero di persone che ti vedranno e le varie selezioni che hai fatto. Una campagna pubblicitaria efficace deve raggiungere tra le 5000 e le 500.000 persone. Nel caso il numero sia inferiore a 5000, devi aggiungere qualche interesse. Vedrai che con il primo interesse le persone caleranno drasticamente, ma dal secondo interesse in poi ricominceranno ad aumentare.

Se invece il numero è superiore a 500.000, vuol dire che la tua campagna è troppo generica o coinvolge troppe persone. Per questo devi trovare degli interessi più specifici oppure, se hai inserito più di un interesse, dividere gli interessi tra due o più annunci. In questo modo potrai fare delle campagne più specifiche e più facili da gestire.

Come ridurre i costi su Facebook

Se hai seguito un corso su Adwords in passato, saprai che esiste una formula matematica per calare i costi degli annunci. Su Facebook, essendo relativamente nuovo, non si è ancora trovata una vera e propria formula definitiva.

Però, nel corso dei miei test, ho scoperto quali sono i fattori che incidono sui costi. Non è sicuramente una formula matematica assoluta, ma è certamente l'informazione più attendibile attualmente proposta. I fattori che entrano in gioco per determinare i costi della campagna sono i seguenti:

1. il CTR: questa percentuale rappresenta i clic sull'annuncio ogni 100 visualizzazioni. Perciò, il numero delle persone che hanno cliccato sul tuo annuncio su 100 che lo hanno visto;
2. valore dell'utente: quanto vali tu come inserzionista? Ho notato che più un utente è attivo, crea e ottimizza campagne, più i suoi costi tendono a calare;
3. la frequenza, ossia quante volte in media una persona ha visualizzato l'annuncio prima di cliccarci sopra;
4. il pubblico sociale, ossia quante persone hanno messo "mi piace" sulla tua fan page. Se non promuovi una fan page, questo valore

sarà pari a zero e inciderà comunque sulla formula finale;

5. valutazioni degli utenti.

Ci sarebbe un sesto fattore, che è la competitività sul mercato. Essendo però Facebook molto vasto e non dando dati di nessun tipo riguardo alla concorrenza, è impossibile valutarlo correttamente. Difatti non si sa cosa esattamente prende di mira la tua concorrenza. È probabile comunque che anche la concorrenza, in piccola dose, influenzi i tuoi costi. In base alla mia esperienza personale, il grosso proviene da altri cinque fattori che entrano tutti in gioco quando si tratta di aumentare o ridurre i costi del tuo singolo annuncio.

Il primo fattore è il CTR. Se ti ricordi bene, su Adwords un buon CTR era quello del 4%. Voleva dire quindi che, per avere una riduzione dei costi notevole, dovevi fare in modo che il tuo annuncio avesse un CTR minimo del 4%. Facebook non ha annunci testuali ma annunci pubblicitari. Quindi immagini promozionali associate a un testo. E la gente sa che quelle a fianco sono pubblicità. Quindi saranno molte di meno le persone che cliccheranno sugli annunci.

Inoltre, una persona, può vedere più volte lo stesso annuncio. Per questo motivo il CTR sarà sempre più basso rispetto al CTR che potresti avere su Adwords. Un ottimo CTR su Facebook è dello 0,1%. Posso garantire che un CTR così è facile da raggiungere con le strategie che stai imparando in questo corso, ed è più che sufficiente per ridurre notevolmente i costi.

Il secondo fattore è il valore dell'inserzionista. Con questo valore, a te sconosciuto, Facebook ti dà una sorta di valutazione, che può aumentare o diminuire nel tempo. Infatti, quando inizi a far pubblicità, gli annunci costano leggermente di più rispetto al normale. Man mano che i tuoi annunci vengono accettati e che crei nuove inserzioni, i costi tendono generalmente a calare. Viceversa, più i tuoi annunci vengono rifiutati, più questa valutazione cala. Ovviamente non significa che un annuncio scartato farà la differenza. Devono essere decine gli annunci scartati prima che si veda un incremento dei costi.

Non è un caso che, adesso come adesso, io trovi gran parte dei miei annunci molto più economici anche su mercati sicuramente più competitivi.

Non esiste un modo per truccare o ingannare questo secondo valore. Devi semplicemente creare tante campagne. Puoi farlo con calma ovviamente, nel giro di qualche settimana o di qualche mese. Non ci sono limiti di tempo.

Il terzo valore è la frequenza. Più è basso questo valore, meglio è. Con frequenza s'intende quante volte, mediamente, una persona deve vedere il tuo annuncio prima di cliccarci sopra. Se la frequenza è bassa, significa che il tuo annuncio attira molto l'attenzione e pubblicizza un argomento veramente interessante per le persone che prende di mira. Viceversa, se la frequenza è molto alta, vuol dire che le persone devono guardare il tuo annuncio più di una volta prima di cliccarci sopra. Questo significa che il tuo annuncio non è così interessante, oppure che il target della pubblicità non è corretto. Oppure è scritto male e non vende bene il clic.

Se segui i miei consigli sulla scelta degli interessi, noterai che la frequenza tenderà a essere molto bassa, perché creerai annunci mirati e quindi molto interessanti.

Il quarto fattore riguarda il pubblico sociale, ossia quante persone, una volta visto l'annuncio, cliccano "mi piace" sulla pagina che stai promuovendo. Se non stai promuovendo nessuna pagina, questo fattore rimarrà sempre a zero per quello specifico annuncio. Il fatto che rimanga a zero non è un buon segno, perché comunque influenzerà i tuoi costi in maniera negativa, aumentandoli.

Non è un caso infatti che il modo migliore per fare soldi con Facebook sia promuovere delle fan page. Però, creare una fan page e gestirla, non è semplice come sembra e, per intenderci, non basterebbe un solo corso per spiegare tutto quello che dovresti sapere per monetizzarla. In ogni caso, anche se non promuovi delle fan page, comunque puoi ottenere dei costi bassissimi semplicemente lavorando sugli altri quattro fattori.

Il quinto fattore è il voto degli utenti. Quando un annuncio viene pubblicato, nell'angolo in alto a destra dell'annuncio compare una piccola X. Cliccando sulla X ci viene chiesto di nascondere l'annuncio o di nascondere tutti gli annunci che rimandano a un certo sito o a una certa fan page.

Una volta che abbiamo chiesto di nascondere l'annuncio, ti compare questo piccolo sondaggio:

Inserzione nascosta annulla
We'll try not to show you this ad again.

Why didn't you like this ad?

- Poco interessante
- Fuorviante
- Contenuti sessualmente espliciti
- È contro le mie opinioni
- Contenuti offensivi
- Ridondante
- Altro

Come vedi, l'utente ha l'opportunità di dare un voto al tuo annuncio. Un voto solo non fa sicuramente la differenza. Io stesso ho, in una nicchia di mercato, dei competitor invidiosi che non sono riusciti a far accettare i propri annunci e che fanno di tutto per danneggiare il mio. Per questo uno o due voti negativi sono quasi una regola. E da soli non influenzano il costo.

Ma se quei voti diventano un centinaio, il costo aumenta eccome! Per quello ti dicevo che è essenziale seguire il regolamento. Se non segui il regolamento non solo rischi che il tuo account, con tutte le pagine e campagne, venga cancellato, ma rischi di pagare un sacco di soldi per i clic. Questo perché Facebook vuole ammonirti alzando i costi. Un po' come avveniva con il Google Slap. Se poi i voti diventano tantissimi, è molto probabile che l'account venga bloccato. Per questo ti suggerivo di non creare annunci che potrebbero offendere qualcuno.

Viceversa, se non ricevi voti negativi, automaticamente Facebook penserà che il tuo annuncio è valido, e quindi lo premierà diminuendo i costi di ogni clic.

SEGRETO n. 15: per calare i costi di ogni singolo clic ricevuto, lavora sui 5 fattori che influenzano i costi delle inserzioni. I fattori sono: CTR, valore dell'utente, frequenza, pubblico sociale e voti degli utenti.

Come mantenere alto il CTR

Il tuo CTR tenderà a calare gradualmente. Questa è una cosa assolutamente normale quando si creano inserzioni promozionali con le immagini. Esiste un modo molto semplice per mantenere il CTR su valori accettabili.

Inizia a guardare quanto impiega il tuo CTR per diminuire. Per alcuni annunci serviranno due settimane, per altri solo una. Una volta che il CTR sarà calato sotto lo 0,1%, vai sull'annuncio e modifica l'immagine, lascia tutto il resto uguale. Modificando l'immagine, preverrai la cosiddetta "cecità da banner". Questa cecità si presenta quando le persone, abituate a vedere il tuo banner promozionale, semplicemente non ci fanno più caso.

Cambiando l'immagine, le persone ricominceranno a notare il tuo annuncio promozionale e quindi il CTR aumenterà. Io, per velocizzare questa procedura, so che ogni due settimane devo cambiare immagine a tutti gli annunci. E per fare ancora più alla svelta, quando creo l'annuncio la prima volta, seleziono quattro o cinque immagini che farò ruotare bisettimanalmente.

È un sistema semplice, che richiede qualche minuto, ma previene quasi del tutto la cecità da banner e mantiene i tuoi costi molto bassi. Con strategie come queste sarà molto semplice per te arrivare a pagare 0,01/0,02 euro a clic. E, se hai usato Google Adwords, sai benissimo che costi così bassi non si possono raggiungere con facilità.

RIEPILOGO DEL CAPITOLO 3:

- SEGRETO n. 11: Studia a fondo la tua nicchia di mercato. Così facendo potrai, tramite le inserzioni di Facebook, raggiungere migliaia di persone che non avresti mai potuto coinvolgere con altri mezzi promozionali.
- SEGRETO n. 12: Per ottimizzare i tuoi sforzi crea più annunci promozionali, ognuno che coinvolga un sesso e una fascia d'età differente.
- SEGRETO n. 13: Crea annunci mirati, in modo da coinvolgere persone con interessi affini al prodotto che stai promuovendo. Ricorda che puoi creare più annunci uguali ma con un target diverso.
- SEGRETO n. 14: Usa la tecnica "trova argomenti" per trovare nuovi interessi e coinvolgere nuovi potenziali clienti. Richiede tempo, ma può portarti molti guadagni extra.
- SEGRETO n. 15: Per diminuire i costi di ogni singolo clic ricevuto, lavora sui cinque fattori che influenzano i costi delle inserzioni. I fattori sono: CTR, valore dell'utente, frequenza, pubblico sociale e voti degli utenti.

CAPITOLO 4:
Come creare pagine di destinazione vincenti

A questo punto passiamo a parlare delle pagine di destinazione. Come ti dicevo le fan page sono le migliori pagine da promuovere. Purtroppo crearle non è facile, così come non è facile gestirle. È un discorso che, però, richiederebbe un corso a sé stante. Per questo ti consiglio, se vuoi approfondire l'argomento e creare un business su Facebook, di contattarmi tramite questa pagina e chiedermi informazioni su una sessione di coaching a riguardo.

Le pagine di cui parleremo sono pagine tipiche degli affiliati. Infatti, come nello spirito di Aiuto Affiliati, il mio portale sull'Internet Marketing, mi piace molto puntare sulle affiliazioni come fonte di guadagno. Questo perché sono semplici da gestire, veloci da creare e ti permettono fin da subito di vedere risultati in termini economici.

Vediamo tre tipi di pagine, con i pro e i contro.

Prima pagina: pagina di recensione

Le pagine di recensione sono semplicissime pagine in cui recensisci due o tre prodotti. Creare pagine recensione è estremamente semplice e non ti serve nessuna conoscenza informatica. Puoi utilizzare WordPress con un tema fatto apposta per recensioni (ce ne sono tanti online) oppure puoi creare una semplice pagina con NVU, un programma gratuito per creare pagine web senza conoscere nulla di HTML e programmazione.

Terza possibilità: puoi creare una lente su Squidoo. Squidoo è un ottimo portale che ti permette di creare delle pagine, chiamate lenti, in cui puoi inserire informazioni specifiche, nel nostro caso recensioni. Scrivere recensioni è molto facile. Devi anzitutto conoscere il prodotto. Non puoi semplicemente parlare di un prodotto senza averlo mai provato. Parla del prodotto spiegando i suoi pro e i suoi contro e perché lo consigli al cliente finale. Mi raccomando, non fare recensioni puramente positive. Metti in mostra sia i lati positivi che quelli negativi di ogni prodotto. Se metti in risalto solo i lati positivi del prodotto, le persone non ti crederanno. Penseranno che stai facendo solo pubblicità. Viceversa, se c'è una recensione realmente onesta molte persone si sentiranno motivate a comprare il prodotto, perché effettivamente lo ritengono valido.

All'interno degli annunci Facebook specifica che nella pagina successiva ci sarà una recensione. Altrimenti le persone cliccheranno sull'annuncio, troveraano una pagina che si non si aspettavano, torneranno indietro, e ti daranno un voto negativo.

Viceversa, se scrivi che si tratta di una recensione, perderai sicuramente qualche clic, ma ti risparmierai tantissimi voti negativi. Inoltre è anche molto semplice creare gli annunci per una pagina di recensione. Puoi scrivere:
Titolo: Corso per dimagrire?
Testo: Ho testato i migliori corsi in commercio. Scopri in questa recensione qual è il migliore.

Come vedi è un esempio semplice e chiaro. Si capisce che la tua è una recensione, non stai offendendo nessuno e sei completamente a prova di regolamento. Lo svantaggio di questa pagina è che, se una persona non acquista, il clic è sprecato. Viceversa, se avessi un modo per catturare il nome e l'e-mail dell'utente, potresti contattarlo in qualsiasi momento. Purtroppo qualsiasi ottimizzazione per questa pagina calerebbe le conversioni, quindi non conviene aggiungere nulla a parte le recensioni.

Il vantaggio di questa pagina è che, per chi è alle prime armi, rappresenta il modo più immediato per vedere i primi guadagni online. Personalmente ti consiglio, se sei alle prime armi con il guadagno online, di puntare su queste pagine. In questo modo vedrai che si possono guadagnare realmente delle belle somme e, soprattutto, che puoi iniziare a ripagarti i costi pubblicitari.

SEGRETO n. 16: crea una pagina di recensione per generare rendite rapidamente con gli annunci promozionali di Facebook.

Un piccolo aggiornamento sulle recensioni

Pochi giorni fa ebbi una conversazione con un moderatore di *Clickbank*, il più grande portale di affiliazione al mondo. Portale su cui puoi trovare e promuovere molti dei miei prodotti. Così parlando saltò fuori il discorso delle recensioni. Mi disse che una volta il 90% delle recensioni erano scritte da persone che non avevano nessuna conoscenza del prodotto. Addirittura mi fece vedere un modello di articolo. Bastava prenderlo, aggiungere quattro o cinque informazioni nei campi segnati e di colpo avevi una recensione adatta a qualsiasi prodotto. Alla faccia delle recensioni di scarsa qualità! Per questo la FTC (Federal Trade Commission), una commissione americana nata con lo scopo di proteggere i consumatori, rese fuori legge queste recensioni.

Considerando che gli USA, in questo genere di cose, tendono ad anticiparci di due o tre anni, è molto probabile che in futuro una legge simile passi anche qui da noi. Per questo ti consiglio fin da subito di scrivere recensioni di questo tipo:

1. scrivi una recensione onesta e se possiedi il prodotto mettici la tua faccia;
2. scrivi la recensione delle recensioni. È una cosa che fanno spesso i giornalisti. Prendono le recensioni di altri e le riassumono. Ad esempio puoi dire «*Il prodotto X appare come un ottimo prodotto. Il cliente Y, dopo averlo comprato, ha dichiarato su Amazon.com che il prodotto è effettivamente efficace. Viceversa, il cliente Z, ha*

riscontrato difficoltà con...» e così via.

Questo secondo tipo di recensione, oltre a dare una grandissima riprova sociale alla tua pagina, ti permette di scrivere recensioni anche senza dover comprare il prodotto. E in più sono completamente a norma di legge e lo saranno ancora per molto tempo.

SEGRETO n. 17: assicurati di scrivere recensioni oneste e solo di prodotti di cui sei a conoscenza. Per ottenere il massimo, scrivi recensioni di recensioni.

Seconda pagina: blog

I blog sono molto diffusi e piacciono molto alle persone. Se vuoi promuovere un'attività o comunque parlare di un argomento particolare, è importante che tu abbia un blog aggiornato costantemente. A differenza di Adwords, Facebook non considera quanto è grande il sito di destinazione o quanto è aggiornato, per cui non fa distinzioni tra un blog e una singola pagina di recensione. Per Facebook valgono tutte due allo stesso modo. Quello che conta è che siano a norma di regolamento. È comunque utile, se promuovi un blog, promuoverne uno aggiornato e molto commentato. Questo perché i blog aggiornati sono sicuramente più attraenti dei blog abbandonati.

Promuovere un blog non è molto vantaggioso perché non ti porta un guadagno immediato, né è così veloce da portarti un guadagno a lungo termine. Per fare in modo che il blog diventi vantaggioso e redditizio per te devi:

1. invitare fin da subito l'utente a seguirti tramite i *feed* oppure tramite una newsletter;
2. chiedere all'utente di condividere fin da subito un tuo articolo o il tuo blog tramite i pulsanti sociali;
3. creare un blog dedicato solo ed esclusivamente alla promozione dei prodotti di una specifica nicchia di mercato;
4. inserire la pubblicità che ti paga in base alle visualizzazioni, anche se non è così facile trovare un buon affare che ti permetta di guadagnare bene.

Se riesci a catturare l'utente, in modo che segua il tuo blog iscrivendosi ai feed, tanto di guadagnato. Viceversa, se non riesci a catturare l'utente o se non riesci a monetizzare efficacemente il blog, semplicemente ti conviene puntare su qualche altra strategia.

SEGRETO n. 18: se decidi di promuovere un blog, trova un modo per fidelizzare gli utenti o per monetizzare le tue pagine. Punta molto sulle newsletter, che sono il metodo migliore per fidelizzare e monetizzare.

Terza pagina: squeeze page

Le *squeeze page* sono le pagine spremi nomi, fatte per catturare il nome utente e l'indirizzo email di una persona. Praticamente, tu offri un omaggio a una persona. Però, per ricevere quell'omaggio, la persona deve iscriversi alla tua newsletter.

Il vantaggio è che puoi contattare più volte la persona che si è iscritta alla newsletter. Non è un caso che io utilizzi molto questa strategia, perché offre grandi possibilità in termini di guadagni, soprattutto nel medio e lungo termine. Per chi è alle prime armi con il marketing online sicuramente questa strategia non è l'ideale, perché può sembrare solo un costo e non un guadagno. Ma, se hai già un po' di esperienza con il guadagno online, questa strategia è sicuramente una delle migliori. Attenzione però, perché Facebook ha delle linee guida molto restrittive sulle squeeze page e quindi devi stare molto attento a quello che fai. Per intenderci, io ho impiegato due settimane a farmi accettare una squeeze page. Sto avendo grandissimi risultati grazie a questa pagina, è vero, però ho dovuto sudare molto perché fosse accettata.

In linea di massima ecco gli accorgimenti che devi prendere per far sì che la tua squeeze page venga accettata:

- nell'annuncio non scrivere mai «scarica gratis l'omaggio», perché Facebook non l'accetta. Piuttosto specifica che l'utente deve registrarsi prima di ricevere l'omaggio;
- nella squeeze page specifica chiaramente che per ricevere l'omaggio una persona deve prima iscriversi alla newsletter;
- non utilizzare *pop up* per ostacolare l'uscita dalla pagina. Questo vale per tutte le pagine e non solo per le squeeze page;
- sotto il modulo di registrazione della squeeze page inserisci un link verso la pagina con specificata la privacy policy e i termini e le condizioni d'uso;
- come nell'annuncio anche nella pagina non inserire affermazioni o

frasi che possono ferire o offendere una persona;

- nel testo della squeeze page specifica quante volte l'utente riceverà le email e specifica chiaramente se il suo indirizzo email verrà venduto a terzi oppure no;
- non sovraccaricare la squeeze page di informazioni, ma lasciala essenziale. Se è troppo lunga, potrebbe venire scartata e classificata come ingannevole.

Purtroppo tutte queste linee guida sono alquanto fastidiose e limitano tutti coloro che fanno marketing seriamente. Ma, se provieni da Google Adwords, la cosa non dovrebbe essere una novità per te.

Nonostante questi consigli, è probabile che la tua squeeze page ancora non venga accettata. Questo perché comunque le regole sono molto ferree in questo ambito, ed è veramente difficile seguirle tutte. Se il tuo annuncio viene scartato abbi pazienza. Modifica la pagina e continua a riproporla finché non viene accettata.

SEGRETO n. 19: se vuoi puntare sul guadagno a lungo

termine, invia il tuo traffico verso una pagina spremi-nomi e crea una newsletter. È il miglior assetto che puoi creare online.

Esiste un'alternativa che ti permette di far accettare rapidamente l'annuncio, perdendo però un po' in termini di conversioni. Questa è la strategia delle pagine *sandwich.*

Le pagine sandwich

Quando crei l'annuncio su Facebook, anziché indirizzarlo alla squeeze page, indirizzalo a una pagina intermedia. In questa pagina offri gratuitamente, e senza bisogno di nessuna iscrizione su una newsletter, una semplice strategia. Oppure un consiglio rapido ed efficace. Questo consiglio deve stare all'intero della prima schermata del sito quindi deve essere lungo al massimo tre paragrafi. Alla fine di questo consiglio, crea un link in bella vista in cui scrivi «*per conoscere altre strategie clicca qui*». Quel link rimanderà alla tua squeeze page. Questa tattica funziona per un motivo molto semplice: i moderatori di Facebook guardano solo ed esclusivamente la pagina di destinazione e non le pagine seguenti. Lo svantaggio di questa pagina è che non converte così bene perché molte persone non cliccheranno sul link. Però, quelle che cliccano sul link, molto probabilmente si sentiranno motivate a iscriversi alla tua newsletter.

Guarda questo esempio di pagina sandwich, utilizzata per promuovere un mio corso. Come vedi è una pagina semplice e fa una prevendita del prodotto. In questo modo fai un passaggio: passi da un ambiente sociale a un ambiente di vendita in modo fluido. Così molte più persone acquisteranno e molte meno daranno valutazioni negative alle tue pagine.

SEGRETO n. 20: se non riesci a farti accettare la pagina spremi-nomi, utilizza la tecnica della pagina sandwich. Così perderai qualche clic, ma riuscirai a farti accettare qualsiasi pagina.

RIEPILOGO DEL CAPITOLO 4:

- SEGRETO n. 16: Crea una pagina di recensione per generare rendite rapidamente con gli annunci promozionali di Facebook.
- SEGRETO n. 17: Assicurati di scrivere recensioni oneste e solo di prodotti di cui sei a conoscenza. Per ottenere il massimo, scrivi recensioni di recensioni.
- SEGRETO n. 18: Se decidi di promuovere un blog, trova un modo per fidelizzare gli utenti o per monetizzare le tue pagine. Punta molto sulle newsletter, che sono il metodo migliore per fidelizzare e monetizzare.
- SEGRETO n. 19: Se vuoi puntare sul guadagno a lungo termine, invia il tuo traffico verso una pagina spremi-nomi e crea una newsletter. È il miglior assetto che puoi creare online.
- SEGRETO n. 20: Se non riesci a farti accettare la pagina spremi nomi, utilizza la tecnica della pagina sandwich. Così perderai qualche clic, ma riuscirai a farti accettare qualsiasi pagina.

CAPITOLO 5:
Come parlare con l'assistenza

Quest'ultimo capitolo sarà molto breve e servirà a spiegarti esattamente come contattare l'assistenza. Infatti, parlare con l'assistenza non è per niente facile su Facebook. Il modulo di contatti è nascosto ed è difficile da trovare.

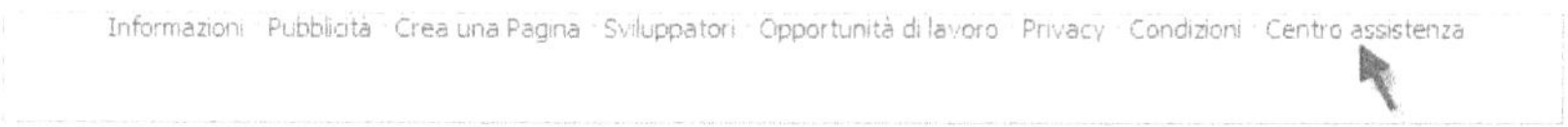

Informazioni · Pubblicità · Crea una Pagina · Sviluppatori · Opportunità di lavoro · Privacy · Condizioni · Centro assistenza

La prima cosa che devi fare quando vuoi contattare l'assistenza è andare in basso e cliccare sul link indicato nell'immagine.

Questo link ti rimanderà al centro assistenza, dove potrai trovare le risposte alle domande più comuni. Prima di parlare con l'assistenza ti consiglio vivamente di esplorare approfonditamente questa sezione perché quasi sicuramente c'è la risposta che stai cercando. Devi sapere infatti che ci sono molte eccezioni per gli annunci Facebook. Ad esempio, per gli alcolici o per le applicazioni di Facebook. Per questo è importante conoscerle prima di andare oltre. Ci sono anche molte regole per quanto riguarda le pagine di destinazione. Quelle di cui ho parlato sono pagine che saranno accettate quasi sicuramente, però è probabile che per qualche motivo abbiano contenuti o elementi che le rendono fuori norma.

SEGRETO n. 21: prima di contattare l'assistenza, assicurati di aver letto bene il regolamento e le eccezioni. Molte risposte possono essere trovate lì.

Se ancora non hai trovato risposta è il momento di contattare l'assistenza. Ti dico fin da subito che l'assistenza non ha un contatto telefonico.

Anzitutto evita il forum. Personalmente non ho mai trovato beneficio nel forum, ma solo tanta confusione e poche risposte valide. Inoltre, quando contatto l'assistenza, preferisco di gran lunga, controllare personalmente il mio account. Non voglio semplicemente lasciare che tutti quanti sappiano cosa promuovo e come mi comporto su Facebook. In più, sul forum, c'è di tutto:

esperti e principianti. Ti è mai capitato di cercare una risposta su Yahoo Answers e ricevere prevalentemente risposte inutili e fuorvianti? Ecco, sul forum di Facebook avviene la stessa cosa. Inoltre, parlando direttamente con l'assistenza, riuscirai ad avere risposte molto più precise e molto più rapide. Anche perché, come dicevo, l'assistenza può entrare nel tuo account e vedere i tuoi annunci.

SEGRETO n. 22: evita il forum dell'assistenza. Ti fa solo perdere tempo e rischi di ricavarne solo una grandissima confusione.

Come dicevo, accedere all'assistenza è veramente un'impresa impossibile. Per arrivare al modulo dei contatti bisogna seguire una sorta di "percorso segreto". Dico segreto non perché è misterioso, ma perché è veramente difficile da trovare. Sembra quasi un labirinto. Per tua fortuna io ho trovato quel link e adesso lo condivido con te. Il link è questo.

Non chiedermi come ci sono arrivato perché onestamente non ricordo. Mi ricordo solo che, per trovarlo, persi mezza giornata.

Ti consiglio vivamente di aggiungerlo ai preferiti e di non perderlo.

Come parlare con l'assistenza

Prima cosa importante da tenere sempre a mente, se non vuoi roderti il fegato: il messaggio che mandi dal modulo tramite il link che ti ho indicato **non verrà letto**. Hai capito bene: il primo messaggio non viene letto.

L'assistenza manderà una risposta automatica al tuo messaggio in cui t'inviteranno a guardare le domande frequenti e il centro assistenza. Tutte cose che avresti già dovuto fare. Ti dico questo perché, spesso e volentieri, nel primo messaggio metto tantissima cura e cerco di essere il più preciso possibile, in modo da semplificare la vita all'assistenza. Quindi ci perdo molto tempo e lo faccio con molta dedizione. In ogni caso, rispondendo al messaggio automatico, potrai iniziare a conversare con l'assistenza.

Il motivo principale per cui si contatta l'assistenza è per chiedere chiarimenti sul rifiuto di un certo annuncio. Come dicevo è importante conoscere il regolamento, visto che l'assistenza è lentissima a rispondere.

Quando parli con un assistente ricorda sempre tre cose:

1. loro hanno il potere di chiuderti l'account o di darti una valutazione negativa che andrà a influire sui costi, come spiegavo nel quarto capitolo;
2. gli annunci promozionali vengono approvati manualmente. Quindi, se un tuo annuncio è stato rifiutato ma è conforme al regolamento, può trattarsi di un errore umano;
3. durante i primi messaggi tenteranno di scoraggiarti.

Parla con loro con queste tre cose in mente e sapendo quindi che il rifiuto dell'annuncio può essere un errore. A me è capitato molte volte che interi gruppi di annunci fossero rifiutati per una svista del moderatore, che magari voleva rifiutare un solo annuncio in tutto il gruppo. Parti dal presupposto che sei tu quello che ha sbagliato, mai loro. Se si sentono aggrediti o insultati possono chiuderti l'account o bloccarti per sempre la possibilità di scrivere annunci promozionali. Viceversa, se hai l'umiltà di ammettere un errore, anche se non hai sbagliato, è molto più facile che siano loro, a loro volta, ad ammettere il loro sbaglio. Del resto il regolamento è molto vasto, e ricordarsi ogni singolo punto, è veramente un'impresa.

Fai capire fin da subito che hai letto il regolamento e che lo conosci bene. Cita link e passaggi del regolamento per andare sul sicuro. Fai capire quindi alla persona cui stai scrivendo che hai già letto il regolamento e che hai già seguito i passaggi, e che li hai applicati o sei convinto di averlo fatto. Se non fai così la prima email di risposta sarà sicuramente un rimando alle pagine dell'assistenza e niente di più. Se invece capiscono che tu hai già letto il regolamento si prenderanno il tempo per risponderti con più calma e per aiutarti a risolvere il problema.

SEGRETO n. 23: fai capire all'assistenza che hai letto il regolamento. Risparmierai tempo tu e lo risparmieranno loro. Inoltre saranno meno propensi a scoraggiarti.

Ricordati sempre di avere molta pazienza: tieni presente che queste persone ricevono centinaia di email ogni giorno. Quindi non pretendere che si ricordino delle tue email anche a distanza di due giorni perché non è sicuro che avvenga. Ti consiglio di evitare di scrivere all'assistenza il lunedì o il venerdì. Il lunedì perché sono appena arrivati al lavoro e quindi potrebbero essere nervosi. Il venerdì perché si avvicina il weekend e molto probabilmente staranno già pensando a cosa fare nel fine settimana.

Se vedi che l'assistenza ti dice che stai infrangendo il regolamento ma non capisci come, chiedi loro un consiglio. Chiedi cosa potresti fare per migliorare l'annuncio. Sono innumerevoli le volte in cui hanno scartato i miei annunci senza un motivo apparente e chiedendo all'assistenza cosa dovessi modificare loro mi hanno fornito strategie e consigli su cosa fosse necessario per far sì che il mio annuncio venisse accettato.

SEGRETO n. 24: se non riesci a capire dove stai sbagliando ma vuoi comunque promuovere un prodotto, chiedi all'assistenza cosa ti conviene scrivere affinché il tuo annuncio venga accettato.

Tenteranno di scoraggiarti

Purtroppo su Facebook, come su tanti altri siti grandi come Paypal, eBay e Google, gli assistenti usano una tattica per tentare di scoraggiarti a scrivere di nuovo. Lo fanno perché vogliono ridurre al minimo il numero di email che ricevono.

Cosa faranno? Nelle prime email ti daranno indicazioni approssimative e cercheranno di convincerti a usare il forum o rileggere il regolamento. Purtroppo facendo così non ti daranno tutte le risposte di cui hai bisogno. Anzi, alle volte i loro messaggi sono fatti apposta per spaventarti e farti passare la voglia di usare la loro piattaforma (questo vale solo per chi ha budget limitati).

Per intenderci, ecco un messaggio che mi è arrivato qualche giorno fa dall'assistenza: «*Purtroppo il tuo account ha ottenuto troppe disapprovazioni e non verranno più accettate altre inserzioni e non consentiremo la creazione di altre inserzioni per questo prodotto su Facebook*». Questo è giunto in seguito alla disapprovazione di una serie di annunci per uno stesso prodotto.

La cosa mi ha spaventato parecchio. Mi vogliono bloccare? Oppure vogliono bloccare quella nicchia di mercato riguardante gli annunci che sono stati sempre disapprovati. Così ho mandato un'email di risposta dicendo che non capivo esattamente cosa intendessero con il loro messaggio. E, proprio come sospettavo, non erano stati bloccati tutti gli annunci futuri, ma solo quelli riguardanti uno specifico prodotto.

Ma, se avessi lasciato che questo loro messaggio mi scoraggiasse, adesso non sarei qui a creare altre campagne promozionali. Potrebbero fare lo stesso con te, per cui non rimanere scoraggiato e continua a chiedere chiarimenti e a formulare le domande finché non ti daranno una risposta precisa. Più farai così, più saranno costretti a risponderti. Il tutto senza insultare nessuno.

SEGRETO n. 25: non farti scoraggiare dai primi messaggi. Sii perseverante e vedrai che alla fine otterrai risposte precise a tutte le tue domande.

RIEPILOGO DEL CAPITOLO 5:

- SEGRETO n. 21: prima di contattare l'assistenza, assicurati di aver letto bene il regolamento e le eccezioni. Molte risposte possono essere trovate lì.
- SEGRETO n. 22: evita il forum dell'assistenza. Ti fa solo perdere tempo e rischi solo di cavarne fuori una grandissima confusione.
- SEGRETO n. 23: fai capire all'assistenza che hai letto il regolamento. Risparmierai tempo tu e lo risparmieranno loro. Inoltre saranno meno propensi a scoraggiarti.
- SEGRETO n. 24: se non riesci a capire dove stai sbagliando ma vuoi comunque promuovere un prodotto, chiedi all'assistenza cosa ti conviene scrivere affinché il tuo annuncio venga accettato.
- SEGRETO n. 25: non farti scoraggiare dai primi messaggi. Sii perseverante e vedrai che alla fine otterrai risposte precise a tutte le tue domande.

Conclusione

Con questo siamo arrivati alla conclusione di questo corso. Spero che in queste pagine tu abbia trovato le informazioni di cui hai bisogno. Ti invito fin da subito a testare queste strategie creando una sola campagna promozionale. Inizia da una sola campagna e impara a utilizzare gli strumenti di Facebook. Non complicarti troppo la vita e non pretendere di ottenere grandi guadagni fin da subito.

Non ascoltare quelle persone che dicono che non si possono fare soldi con gli annunci di Facebook. Quelle sicuramente sono persone che sono entrate su Facebook pensando di poter utilizzare le strategie che utilizzavano per Adwords e non ci sono riuscite. Posso garantirti, per mia esperienza personale, che con Facebook si può guadagnare e si può guadagnare molto bene. Ti basti sapere che in queste pagine hai trovato i metodi che io stesso utilizzo per guadagnare.

Con questo corso hai visto come creare una campagna di Facebook, cosa scrivere negli annunci e quali immagini utilizzare per ottenere il meglio dai tuoi sforzi. Poi hai imparato come scegliere il target giusto e come diminuire i costi dei tuoi annunci aumentandone la precisione e la qualità e quali sono le migliori pagine di destinazione per iniziare a guadagnare sia nel breve che nel lungo termine. Infine ti ho spiegato come parlare con l'assistenza di Facebook.

Se poi vorrai approfondire e scoprire altri metodi per guadagnare con Facebook puoi contattarmi in privato a questo indirizzo, così possiamo discutere una sessione di coaching in cui posso spiegarti strategie avanzate per le fan page e per ottimizzare le tue entrate. Intanto ti invito a seguire il mio blog sull'Internet marketing e a registrarti al bollettino gratuito, in modo da rimanere sempre aggiornato sugli ultimi articoli inseriti all'interno del blog.

Ti ringrazio ancora per avere investito in questo corso e ti auguro di ottenere i migliori successi.
Grazie e buon lavoro

Enrico Sigurtà

www.ingramcontent.com/pod-product-compliance
Ingram Content Group UK Ltd.
Pitfield, Milton Keynes, MK11 3LW, UK
UKHW022014190726
13853UKWH00005B/1924